O PODER CRIATIVO

CLARA M. CODD

O PODER CRIATIVO

EditoraTeosófica
Brasília-DF

The Theosophical Publishing House
Adyar, Madras, 600 020, Índia
Direitos Reservados à
EDITORA TEOSÓFICA
Sig Sul Qd. 06 Lt. 1.235
70.610-460 – Brasília-DF – Brasil
Tel.: (61) 3322.7843
E-mail: editorateosofica@editorateosofica.com.br
Site: www.editorateosofica.com.br

Codd, Clara

C 669

O Poder Criativo
Tradução: Edvaldo Batista de Souza
Editora Teosófica, 2017

Tradução de: The Creative Power

ISBN: 978-85-7922-130-9

1. Relacionamentos 2. Sexualidade
3. Espiritualidade 4. Poder Criativo
I. Título

CDD 241.6

Revisão: Ricardo Lindemann e Samira Santana de Almeida
Diagramação: Ricardo Souza (Rainbow Soluções Gráficas)
Capa: Ana Cicherelo

Sumário

Prefácio da Edição Brasileira

Aquele poder divino que é capaz de criar representa o lado esotérico da sexualidade, que está também relacionada ao amor humano, constituindo assim os temas centrais que Clara Codd (1876-1971) aborda nesta obra, a partir da dualidade que se manifesta na natureza, no contexto da Filosofia Esotérica ou Sabedoria Antiga. Assim, com linguagem simples e acessível, a autora trata da interação harmoniosa entre o masculino e o feminino, investigando suas diferenças e natureza complementar e, também, sua união que é coroada com o nascimento da criança.

Clara Codd também desenvolve o tema da natureza sagrada da maternidade, pois nenhuma vida chega a esse mundo sem sacrifício e risco, e toda mãe correu esse risco para gerar uma nova vida. Existe um elemento de sacrifício inerente ao amor, e a autora cita o grande clarividente Bispo + C.W. Leadbeater, com quem conviveu, que dizia que a vida celeste entre duas reencarnações era geralmente mais longa, em média, após uma encarnação feminina, pois amor, altruísmo, ternura, compaixão, paciência e abnegação caracterizam uma mãe. Recomenda-se também de Rev. Geoffrey Hodson o livro *O Milagre do Nascimento* (Ed. Teosófica).

Para aqueles que conhecem algo da associação do poder criativo com sua energia essencial ou *kundalinī*, como a chamam nos tratados clássicos de *Yoga*, e visam, por seu despertar, desenvolver os poderes psíquicos, Leadbeater alerta sobre a importância da pureza e castidade (*brahmacharya*), em seu clássico livro *Os Chakras* que se deve recomendar sobre esta questão e sobre os perigos da atualização prematura da *kundalinī*, podendo causar a morte e afetar reencarnações futuras (LEADBEATER, C.W. *Os Chakras.* São Paulo: Pensamento, 1974. p. 100 *et seq.*). Taimni também considera que "esta ciência é um segredo estritamente guardado, que somente um *celā* [discípulo] propriamente qualificado pode aprender de um guru propriamente qualificado" (TAIMNI, *op. cit.*, p. 207), devendo-se evitar seguir conselhos de iogues imaturos ou excessivamente confiantes. Também o *Hatha-Yoga Pradīpikā* afirma: "*Kundalinī-shakti*, que dorme acima de *kanda*, dá libertação para o iogue e escravidão ao ignorante." (*SVĀTMĀRĀMA. The Hathayogapradīpikā*. Chennai: Theosophical Publishing House, 2012. p. 56 [III: 107]).

Dessa forma, um Mestre de Sabedoria, numa de suas cartas, apresenta o amor na perspectiva do potencial infinito da evolução humana: "A pureza do amor terreno purifica e prepara para a realização do Divino Amor."[1] Recomenda-se também a leitura dessas *Cartas dos Mahatmas* (Ed. Teosófica) de profundidade inigualável sob um ponto de vista atemporal, embora tenham sido escritas no final do século XIX, mas somente em 1997 sua autenticidade passou por uma verificação científica imparcial (vide HARRISON, V. *H.P. Blavatsky e a Sociedade para Pesquisas Psíquicas*: retratação a Blavatsky sobre as cartas dos Mahatmas. Brasília: Teosófica, 2015). A própria autora escreveu um livro imperdível que torna tais cartas mais acessíveis à visão contemporânea que se deve recomendar (vide CODD, C. *A Teosofia como os Mestres a Veem*. Brasília: Teosófica, 2011).

---

[1] BEECHEY, K.A. *Meditações: Excertos das Cartas dos Mestres de Sabedoria*. Brasília: Teosófica, 2003. p. 98. [N. Ed. Bras.]

A autora enfrenta o desafio de trazer essa sabedoria dos Mestres aplicada aos costumes ocidentais da sua época, pois *O Poder Criativo* foi escrito originalmente em inglês em 1960, e algumas notas foram acrescentadas para que se compreenda tais valores na perspectiva atual do século XXI, porém tal esforço desperta no leitor o panorama dos valores eternos do amor e da felicidade, surpreendendo-se a cada momento com sua atualidade. O leitor é assim convidado a descobrir o potencial divino do poder criativo inerente a todo ser humano, como é citado também em *Luz no Caminho* (Brasília: Teosófica, 2011, p. 69): "A Alma do homem é imortal, e o seu futuro é o de algo cujo crescimento e esplendor não têm limites."

Brasília, 10 de junho de 2017.

+ Ricardo Lindemann
Diretor da Editora Teosófica
Diretor Cultural e de Estudos
da Sociedade Teosófica no Brasil

Capítulo 1

O lado esotérico do sexo

"Não há problema sexual que não possa ser resolvido pelo amor".
J. Krishnamurti

"Onde há um problema sexual, somente o amor pode resolvê-lo".
Carl Jung

Simbolismo

O mundo físico é um enorme acervo de simbologia. Não existe uma única forma, ou parte de uma forma, que não simbolize uma Realidade interior. A derivação grega da palavra símbolo significa "algo reunido a partir de um conjunto". Por isso, o símbolo não é a representação concreta de alguma coisa, mas um marco indicando em que direção seguir para discernir a Realidade eterna que ele representa. No caso de um símbolo que é verdadeiro e genuíno, o observador entra em contato magnético com o que há de eterno que ele representa.

Além do mais, essa Realidade interior é uma Inteligência bem profunda. Por trás de cada atividade externa, mesmo da ação química, existe a ação de um "deus", uma mente não necessariamente comparável à mente humana. Desse modo, o Professor Arthur Compton postula: "uma inteligência efetiva por trás de cada fenômeno da Natureza". A física moderna, disse ele, admite a possibilidade da mente agir sobre a matéria e esta concepção lança nova luz ao processo evolutivo, dando significado à vida humana. O mundo e a humanidade não estão evoluindo ao acaso, a partir do caos atômico. Existe a evidência de uma "inteligência diretiva" ou propósito por trás de tudo.

Perante um grupo de cinco mil dos mais eminentes cientistas norte-americanos, o Doutor Robert A. Millikan descreveu como ele, de fato, tinha tirado a impressão digital de Deus no céu e o que descobriu mostrava "um Criador continuamente executando Sua obra". Um cientista inglês disse que existe uma Mente Mestra por trás do Universo e que essa Mente Suprema é um matemático incrível. A maravilhosa precisão matemática no desenho de flores e flocos de neve lembra o ditado antigo: "Deus geometriza". O ritmo regular de todas as coisas no Universo, o fluxo e refluxo das marés, as fases crescente e minguante da lua, as ondas circulares da voz humana no ar, tudo corrobora com a afirmação de Pitágoras de que "o número jaz na base do Universo".

Isso é verdadeiro não apenas com relação ao Universo visível, mas também ao pensamento infinito e rítmico do invisível. Para o investigador oculto isso é ciência, ou conhecimento exato e essas verdades são percebidas intuitivamente por muitos artistas e poetas, porque esse gênio penetra aquilo que Platão descreveu como o reino subjacente da Ideação Divina. Por isso Francis Thompson escreveu:

> *"Todas as coisas, pelo poder imortal, próximas ou afastadas,*
> *De um modo oculto, estão mutuamente unidas.*
> *Não se pode mexer numa flor, sem perturbar uma estrela".*

Ademais, existe o movimento cíclico do tempo através da manhã, do meio-dia, da noite, ressurgindo novamente na aurora; através da primavera, verão, outono, inverno, retornando mais uma vez na primavera; o ciclo da vida humana em juventude, maturidade, velhice, voltando um dia, após um período de descanso para o espírito imortal nos mundos interiores, no incessante avanço em espiral; "a história repetindo-se", porém, sempre em um nível mais elevado.

Este incrível esquema evolutivo foi belamente resumido pelo falecido Oliver Lodge nas palavras de encerramento do discurso à British Association: "O Universo", disse ele, "é a vestimenta sempre crescente de um Deus transcendente". Por trás de toda ação está o Agente, visível ou invisível; por trás de todas as formas, há uma Vida buscando expressão. Não erroneamente, os gregos povoavam a Natureza com inteligências invisíveis, enquanto Maimônides, o filósofo judeu-espanhol, escreveu: "Forças naturais e anjos são idênticos", e o Bundakish afirma: "Cada flor única é conveniente a um anjo". Todas as formas, todas as criaturas, são epifanias de Deus. O Doutor Rudolf Steiner ensinou um sistema de meditação sobre uma flor que pode levar a grandes alturas de iluminação. Para uma pessoa comum, essas coisas parecem tolice, "porque só podem ser discernidas espiritualmente".

O mais maravilhoso depósito de simbologia em todo o Macrocosmo ou Universo é o Microcosmo, o próprio ser humano. Será que todos nós, quando éramos crianças, não nos perguntamos, às vezes, por que temos dois olhos e uma boca, dois ouvidos e um nariz, cinco dedos, etc.? Todas essas coisas representam e, portanto, estão em contato com forças muito profundas subjacentes ao Universo. Isso é preeminentemente verdadeiro com relação aos órgãos sexuais, pois, na humanidade, eles representam os mais elevados poderes do cosmos, os poderes criativos.

A dualidade da natureza

O Ocultismo diz-nos que o homem e a mulher, juntos, representam as forças criativas gêmeas do Universo: positiva e negativa; centrífuga e centrípeta; vida em manifestação e vida oculta. De um modo geral, o homem é positivo, manifestando-se externamente; a mulher é negativa, receptiva. Mas nenhum homem é totalmente masculino e nenhuma mulher é inteiramente feminina. A medicina diz-nos que todo homem, fisicamente, tem atributos femininos não desenvolvidos dentro de si, e toda mulher tem características masculinas adormecidas e não desenvolvidas. Às vezes, quando o órgão sexual é removido, as características secundárias começam a se desenvolver, como testemunham a feminilidade do homem emasculado e o crescimento de características masculinas que ocorre, às vezes, em mulheres que tiveram os ovários removidos. Existe também um período de vida fetal em que é uma interrogação o sexo que posteriormente irá predominar. Embora um dos sexos seja soberano e visível, o outro está sempre na obscuridade, algo como o pequenino homem ou mulher que surgiam alternadamente em aparelhos domésticos de aferição de tempo com os quais estávamos familiarizados em nossa infância.

Isso porque nenhuma alma é absolutamente masculina ou feminina, mas a quintessência de ambos. Embora após a morte ainda mantenhamos a aparência de homem ou mulher, é somente neste plano físico de existência que os órgãos sexuais são operantes. A alma está realmente além da diferenciação sexual e, ao vir à encarnação, veste um corpo ou "casaco de pele", às vezes de um lado da vida e às vezes de outro, para adquirir o pleno desenvolvimento de todas as qualidades.

Os deveres e as experiências de cada sexo são diferentes, embora complementares. A vida do homem tende a desenvolver decisão e energia; a da mulher, paciência e ternura. Contudo, os membros mais altamente evoluídos de ambos os sexos possuem também os mais elevados atributos do outro. Que homem nobre é destituído de paciência e ternura; ou que mulher nobre é destituída de energia e força? Essas coisas foram aprendidas ao longo de muitas vidas e em ambos os lados da vida, pois é mais fácil desenvolver características complementares em corpos complementares. Aqui jaz o verdadeiro significado das palavras de Cristo de que "no céu não há casamento e nem se é ofertado ao casamento".

A regra geral para a encarnação é percorrer uma série de vidas de um dos lados, masculino ou feminino e, depois, mudar para o outro durante outra série de vidas. Esta mudança de sexo em encarnações sucessivas explica os notórios fenômenos do menininho que furtivamente quer brincar com bonecas e a menininha que é demasiado sapeca. Eles acabam de mudar de sexo e devem acostumar-se ao outro veículo o que, às vezes, requer mais do que uma só vida. Homens e mulheres não são rivais, mas cooperadores, sendo diferentes em natureza e em perspectiva. Proibir um sexo de usar seus poderes e pontos de vistas peculiares na vida da nação é como fechar permanentemente um olho e esperar enxergar com a mesma clareza, como com ambos os olhos. Conforme escreveu Lord Tennyson:

> *"Pois a mulher não é o homem maldesenvolvido,*
> *Mas diferente...*
> *A causa da mulher é a causa do homem; eles se elevam ou se afundam.*
> *Juntos, eclipsados ou divinos, escravos ou libertos".*

Houve uma época, há muito tempo, em que os homens eram unissexuados. Eles, então, propagavam a raça por métodos que ainda sobrevivem no Reino Vegetal. Chegará uma época, ainda muito distante, em que, mais uma vez, os dois sexos se fundirão. Então, como a raça irá se propagar? Por um poder que já está começando a aparecer, *kriyashakti*, a força oriunda do pensamento e da vontade concentrados, criando no plano físico da mesma maneira que todos nós criamos no plano mental. Nesse momento, os corpos serão "nascidos da mente".

Forças cósmicas na diferenciação dos sexos

O ser humano não é apenas um corpo físico. Firmemente unidos e interpenetrados, estão os outros veículos da consciência, compostos da matéria mais sutil de planos circundantes e interpenetrantes. Através desses corpos internos e externos dos seres humanos, atuam forças que descem dos planos de existência mais elevados, mais sutis.

O que há de eterno na matéria é o seu movimento incessante, o rítmico fluxo e refluxo da vida. O mais formidável de todos os ritmos é a manifestação e o aparente desaparecimento do próprio Universo, chamado nas escrituras indianas: "Dias e Noites de *Brahmā*". As "noites", períodos de não manifestação, são causados pela equalização final de todas as forças. A mesma coisa pode ser vista em um pequeno experimento elétrico. Ao magnetizar duas agulhas; a metade de cada agulha será positiva e a outra metade negativa. Se postas a flutuar numa bacia com água, o polo positivo de uma das agulhas atrairá o polo negativo da outra. Ao se encontrarem, a eletricidade desaparece, não porque deixou de existir, mas por estar equilibrada, ela torna-se não manifesta.

Quando um "dia" amanhece, o primeiro princípio a entrar em ação é a Terceira Pessoa da Trindade hindu, *Brahmā*: a Mente Divina. "*Brahmā* meditou e os mundos vieram à existência". Se Deus não tivesse "pensado" em nos trazer à existência, jamais existiríamos. A mesma coisa acontece com nossos pequenos mundos. Antes de agirmos, pensamos e, portanto, criamos mentalmente. Durante o *pralaya*, ou não manifestação, espírito e matéria, vida e forma tornam-se um como sempre o são fundamentalmente. Mas durante um "dia" eles se separam e a multiplicação começa. Isso pode ser visto na vida de uma célula. Ela possui um núcleo, mas quando vai produzir outra célula, dois polos aparecem com uma linha intermediária e logo existem duas células. "O Um torna-se Dois". Aqui está o verdadeiro significado do velho mito do Nascimento Virginal, aplicado a quase todos os salvadores do mundo. Nas escrituras antigas, o espírito é chamado de masculino e a matéria de feminina, Mãe-matéria, de fato. No estado *mare*, que não é diferenciado, o oceano ou *noumenon* de matéria está adormecido, uno com a vida ou com o espírito. Quando a manifestação aparece mais uma vez, esse equilíbrio perfeito é perturbado. A primeira vibração ou comprimento de onda da Mente Divina difunde-se através do espaço sem margens. "O espírito de Deus moveu-se sobre a superfície das águas". Desse contato com a matéria virgem nasceu o Filho Cósmico de Deus, o Universo.

O mesmo milagre se repete entre homem e mulher. Do contato entre ambos nasce o "filho do homem". Os poderes físicos e criativos do ser humano refletem os extraordinários poderes criativos da Deidade. Daí sua extraordinária santidade, aos olhos do mundo mais simples de antigamente. Pelo fato dos poderes físicos da humanidade serem os mais elevados, sua degradação produz resultados terríveis. "*Daemon est Deus inversus* [o Demônio é Deus invertido]".

Aquilo que, por falta de termo melhor, podemos chamar de força positiva do Universo, flui através dos corpos dos homens, ao longo das linhas dos sistemas ósseo e muscular. Assim, naturalmente consideramos a glória de um homem como sendo sua força. Mas através dos corpos das mulheres flui a força oposta, usando a maioria das vezes os sistemas glandular e nervoso, e assim, sabemos instintivamente que a glória de uma mulher é sua graça. A atração de um pelo outro pode ser claramente entendida. O princípio masculino positivo busca eternamente o princípio feminino mais negativo, de modo que ambos possam se realizar e estar em repouso. Em um casamento feliz e bem-sucedido dois efeitos são evidentes: um é a alegria da criação, o outro é o senso de grande sossego. Toda a criação é alegria, não apenas criação física, mas o mesmo poder expresso mental ou espiritualmente.

Arquimedes, ao descobrir um princípio científico, correu para as ruas, gritando com alegria: "Eureka! [Descobri]" Quando Deus criou os Céus e a Terra todos os filhos de Deus gritaram de alegria, dizem as escrituras.

Nos princípios internos do ser humano, que constituem seu eu subconsciente ou subjetivo, a relação entre os dois sexos é invertida. No nível emocional, a mulher é positiva e o homem negativo. Assim, a mulher não desenvolvida tende a ser uma massa de contradições emocionais, muito possessiva em suas afeições e, quando sobrecarregada, tende ao histerismo[2]. No nível mental a posição é novamente invertida: o homem é positivo e a mulher negativa. O homem não desenvolvido é propenso a ser egoísta, inflexível e descrente de tudo que não é verificado pelos sentidos; o ho-

---

[2] Apesar de ser um termo extremamente popular, na classificação psiquiátrica atual, o termo "histeria" não é mais utilizado como na época em que a autora escreveu este livro, principalmente por ser considerado impreciso: "A incidência da histeria parece ter diminuído ao longo dos anos em muitas áreas do mundo, provavelmente por causa de fatores culturais como o aumento da sofisticação psicológica, diminuição da discrição e inibição sexual, e como uma estrutura familiar menos autoritária." (The New Encyclopædia Britannica. London, 2003. v. 6, p. 207). [N.Ed. Bras.]

mem desenvolvido possui poderes de raciocínio amplos e lúcidos. Por natureza, os homens tendem a "tomar a iniciativa" mais rapidamente. Mas emocionalmente, o homem é facilmente conduzido. Existe um elemento um tanto patético no amor permanente de um homem por uma mulher. Ele está tão propenso a admirar, a adorar sua deusa, que a julgará incapaz de enganar. Nos níveis intuitivo e espiritual, a mulher torna-se mais uma vez predominante. A mulher desenvolvida brilha com sabedoria intuitiva e amor altruísta. Geralmente, ela possui maior capacidade para um autossacrifício pleno, do que o homem. A mulher apaixonada é uma devota natural. Autoentrega e serviço costumam ser a alegria suprema para ela. Na verdade, pode-se dizer que amar e ser amada são as necessidades primordiais na vida da maioria das mulheres. Byron sabia isso bem, pois escreveu:

> *"O amor é algo à parte na vida do homem,*
> *Na da mulher é toda a sua existência".*

O fato a ser observado é que os fatores opostos, embora complementares, envolvidos na diferenciação sexual, tornam-se altamente necessários e úteis entre si. Distante de qualquer questão de contato físico, a ativa comunicação de pensamento e ação entre os sexos é altamente benéfica para ambos. A amizade de um homem ajuda a mulher a definir seus pensamentos; a amizade da mulher inspira e enternece a imaginação do homem. Portanto, percebemos que muitos homens brilhantes tiveram uma grande esposa ou uma grande mãe, enquanto outros homens talentosos não alcançaram o que poderiam ter alcançado, caso tivessem tido a bênção deste tipo de associação.

Deve ser reprovada a prática corrente de enviar para internatos[3] meninos de oito ou dez anos, onde ficam sob os cuidados de instrutores jovens e inexperientes. Um grande professor de Oxford escreveu que das centenas de jovens que passaram por suas mãos, a maioria jamais alcançaria seu ple-

[3] Atualmente, no Brasil, as crianças vão para creches de turno intergral e com relação aos adolescentes, as escolas estão em vias de alterar a carga horária do ensino médio para turno integral. Porém, em outros países, o regime de internato ainda é vigente. [N. Ed. Bras.]

no desenvolvimento por serem emocionalmente carentes. O jovem carece de influência de pessoas mais velhas: avós e avôs, tios e tias. Eles precisam ser parte das influências criativas e da vida comum, ou seja, participar da vida do dia a dia à sua volta e não serem agrupados em estabelecimentos mais ou menos monárquicos com outros meninos e instrutores também emocionalmente carentes. Não é de admirar que muitos jamais se tornem seres plenamente maduros e que, depois de tudo isso, eles tenham pouca imaginação e energia criativa?

O fator exagero

O predomínio mundial dos problemas sexuais surge do exagero de um fator em si: a gratificação física. Quando a gratificação física é o fator único e determinante numa relação sexual, se trata de paixão e não de amor. É bom fazer uma clara distinção mental entre os dois, pois qualquer um dos dois pode existir sem o outro, mas onde a paixão é exaltada, purificada e iluminada pelo amor, a união física pode assumir um significado muito bonito e inspirador. Embora proporcione o maior prazer físico conhecido da humanidade, pode também promover um canal de emoção muito fina e elevada. Pelo fato das forças criativas do Universo atuarem através de corpos opostamente polarizados de homens e mulheres, existe uma atração entre os dois que não é igualada por nenhum outro fator, pois é complementar e realizadora e, portanto, imensamente satisfatória. O efeito benéfico da interação do magnetismo invisível já descrito aumenta enormemente no ato marital, muitas vezes derrubando barreiras mentais e expandindo toda a perspectiva dos envolvidos. A união matrimonial bela e feliz pode levar àquilo que só pode ser descrito como experiência mística, transpondo a uma consciência interior cada vez mais profunda, de modo que os amantes tornam-se, um para o outro, como uma porta para Divindade. Isto é conhecido na Índia como uma forma especial de *yoga*, o chamado *sahaja,* que leva a *moksha* ou libertação, através de determinada atitude e de uma relação possível de ser estabelecida entre amantes. Isso nada tem a ver, dizem os sábios, com o culto do prazer. É a realização do Um pela senda da não busca no amor. De acordo com Robert Browning:

"Todo amor engrandece e glorifica
Até que Deus esteja radiante aos olhos amantes
Naquilo que era anteriormente apenas terra".

Esta experiência quase perfeita é extremamente rara, já que demanda pensamento muito elevado e idealista por parte dos amantes, além de um amor enorme e verdadeiro. Um grande Adepto egípcio escreveu certa vez "Sabe, ó Irmão meu, onde um verdadeiro amor espiritual busca consolidar-se duplamente por meio de uma união pura e permanente dos dois, não há, em seu sentido terreno, qualquer pecado; não é cometido um crime aos olhos do grande Ain-Soph, pois é apenas a repetição divina dos Princípios Masculino e Feminino – o reflexo microcósmico da primeira condição da Criação. Numa união assim os anjos podem muito bem sorrir! Mas elas são raras, Irmão meu, [...] o *Ātmā* do ser humano pode permanecer puro e altamente espiritual enquanto unido ao seu corpo material; por que não poderiam duas almas em dois corpos permanecer tão puras e não contaminadas apesar da união terrena e passageira das duas?".

No que diz respeito à grande maioria a consumação jamais é alcançada. É comum que a paixão não seja iluminada pelo amor, muito frequentemente o marido considera o uso de sua esposa como conveniência física, como direito seu, que procura obter ansiosamente e sem consideração, gerando resultados desastrosos. Existe um processo um tanto semelhante na questão da alimentação. Os órgãos do paladar têm por função elevar o prazer de comer, acionando as glândulas salivares e promovendo assim o melhor uso possível do alimento necessário. Quando há abuso e compulsão, o resultado natural é uma terrível represália. Isso é mil vezes mais verdadeiro com relação ao ato sexual. No reino animal, existem as estações de acasalamento e, durante todo o tempo, o desejo permanece adormecido. Os seres humanos, em virtude de seus poderes de memória e antecipação, aumentaram enormemente o impulso sexual em si, além de toda a ordem natural. Eles são vulneráveis a tais impulsos o tempo todo.

O resultado é assustador. Permitam-me citar *A Doutrina Secreta,* de H.P. Blavatsky: "Os poderes criativos do homem foram um dom da Sabedoria Divina e não resultado do pecado [...] Nem foi a Maldição do *Karma* invocada sobre ele por buscar a união natural, como fazem todos os animais irracionais do mundo na estação apropriada; mas, por abusar do poder criativo, por profanar o dom divino e desperdiçar a essência vital sem propósito, a não ser a bestial gratificação pessoal [...] No início, a concepção era tão fácil para a mulher quanto o era para toda a criação do animal. A Natureza jamais quis que a mulher 'desse à luz' por meio do sofrimento [...] Porque a semente da mulher, a luxúria, esmagou a cabeça da semente do fruto da sabedoria e do conhecimento, transformando o sagrado mistério da procriação em satisfação animal; daí, gradualmente mudando fisiológica, moral, física e mentalmente toda a natureza da Quarta Raça da humanidade, até que, deixando de ser o mais saldável rei da criação animal na Terceira Raça, o homem tornou-se, na Quinta, nossa Raça, um ser desamparado, degenerado e sendo agora o mais rico herdeiro sobre a Terra, de doenças constitucionais e hereditárias, o mais inteligente e conscientemente bestial de todos os animais! [...] Esta é a verdadeira Maldição do ponto de vista fisiológico [...] A evolução intelectual progredindo de mãos dadas com a física, certamente que tem sido uma maldição em vez de uma bênção – um dom acelerado pelos 'Senhores da Sabedoria' que emanaram sobre o *Manas* humano o frescor do orvalho de seu próprio Espírito e Essência". (Vol. II, p.428-429, Ed. Inglesa).

Isso foi personificado pelos gregos no mito de Prometeu, que foi quem trouxe o "fogo" dos céus. Blavatsky continua:

> *"Prometeu responde: Sim, além do mais fui eu quem lhes deu o fogo.*
>
> *Coro: Agora essas criaturas de vida curta têm olhos inflamados pelo fogo?*
>
> *Prometeu: Ah, e por meio dele aprenderão plenamente muitas artes".*

"Mas com as artes, o 'fogo' recebido transformou-se na maior das maldições; o elemento animal e a consciência de sua posse transformaram o instinto periódico em animalismo e sensualismo crônico. É isso que paira sobre a humanidade como uma pesada mortalha [...] O mundo animal, com apenas o instinto para guiá-lo, tem suas estações de procriação e os sexos são neutralizados durante o restante do ano. Portanto, o animal livre[4] conhece a doença apenas uma vez em toda sua vida – antes de morrer". (*Ibidem*, p. 430).

A experiência de alguns povos nativos genuínos atesta a afirmação de Blavatsky de como a Natureza não tinha a intenção de fazer com que a mulher parisse com dor, pois uma mulher selvagem africana em seu estado nativo irá parir ao lado da trilha e imediatamente após o parto se levantará e se juntará à tribo em marcha. O que se diz sobre a verdadeira causa das doenças hereditárias e constitucionais é apoiado pela ciência, especialmente pela extraordinária descoberta das "reações eletrônicas" do Dr. Abrams, de São Francisco. O primeiro comprimento de onda que um praticante desse sistema irá procurar é aquele que é chamado

---

[4] Aquele que não sofreu interferência humana nem foi domesticado. [N. Ed Bras.]

de "resistência diminuída". Este é um eufemismo para uma mancha de sífilis hereditária. A grande maioria das pessoas possui essa mancha em suas correntes sanguíneas, sendo as nações mais livres dela a Escandinávia e a Irlanda. Se estiver presente, ela provê um frutuoso local de procriação para todo tipo de doenças. Todas as doenças escrofulosas surgiram originalmente do abuso da função sexual. Na citação acima, Blavatsky está referindo-se ao período de seis e meio milhões de anos quando o homem nas suas origens[5], não exatamente o homem como o conhecemos agora, estava sujeito a um estímulo especial de seu princípio pensante por determinados seres de outro planeta, que são geralmente mencionados na literatura oculta como os "Senhores da Chama", que dotaram a humanidade com o "fogo" da mente.

O caráter econômico artificial de nosso sistema social tende a multiplicar este mal. Em um mundo saudável, feliz, cooperativo, homens e mulheres casar-se-iam jovens e teriam filhos durante os anos de vigor juvenil. Os filhos de pais de meia-ida-

[5] No original em inglês: *nascent*. [N. Ed. Bras.]

de não nascem em tão boas circunstâncias. Isso era bem estabelecido no antigo sistema da Índia, que prescrevia quatro períodos para a vida do homem. Primeiro era o seu período de estudante, durante o qual ele vivia como *brahmacharya*, sem vida sexual. Depois o período em que se casava e durante o qual procriava como dever para o Estado. Após esse, o terceiro período, quando ele e sua esposa abriam mão da vida sexual para buscar ideais religiosos. O quarto período não era empreendido por todos, pois envolvia partir sozinho como mendigo, sem qualquer outro ideal ou esperança senão encontrar Deus. Até mesmo isso não podia ser empreendido sem o consentimento da esposa.

O resultado natural de nosso sistema fortuito pode ser visto no predomínio da supressão sexual e tudo que isso significa para a saúde psicológica e no número de raças rejeitadas que são o resultado de relações ilícitas. Também é triste dizer que, em muitos casos, uma raça nativa saudável é infectada com doença sexual pelos conquistadores brancos. Em seu estado nativo, muitos povos primitivos têm excelentes leis eugênicas e nenhum menino nativo é deixado na lamentável ignorância de muitos jovens brancos que colhem informação mal-orientada e irreverente de seus colegas de escola tão ignorantes quanto eles próprios.

Uma bela história foi escrita há algum tempo por um chefe africano que quando menino vivia dentro de uma paliçada numa enorme floresta. Aventureiro como todo menino, certo dia ele e seus amigos começaram a explorar o terreno ao redor e chegaram até o mar, que jamais tinham visto antes. Levados para o mar, muitos deles foram apanhados por tubarões, mas o pequeno filho do chefe foi apanhado por um navio que passava e levado pelo capitão até à Escócia. Lá ele cresceu com seu irmão de criação escocês e anos depois voltou ao seu povo, governando-o como chefe. Ele descreve em seu livro a ignorância e vergonha dos fatos sexuais de seu irmão de criação escocês, que não tinha ninguém para consultar, pois tais temas eram tabus. Em seu país de origem, escreve ele, todos os meninos teriam sido plenamente instruídos pelos chefes.

Sexualidade incomum

Essas coisas são muito mais comuns do que geralmente se supõe. Decididamente, a mais comum é o autoerotismo. A opinião da medicina está dividida sobre a questão de sua nocividade e, parece que em muitos casos, o efeito danoso tem sido exagerado. As crianças às vezes instintivamente descobrem sua prática. Uma menininha de seis anos foi pega praticando-o. A mãe ficou muito agoniada; embora amorosa e gentil por natureza, ela recorreu ao castigo severo, que obviamente não era o método correto de lidar com este comportamento inconscientemente erótico de uma criança. Com relação a bater nas crianças, médicos e psicólogos desaprovam esta forma de castigo por causa de suas reações frequentes e indesejáveis sobre a natureza sexual da criança. Às vezes pessoas adultas descobrem a prática do autoerotismo em resposta a um impulso insuportável. Uma mulher de trinta anos praticava-o habitualmente "porque assim punha fim ao terrível sentimento de solidão". Muitas pessoas não compreendem que este é um sintoma comum e desagradável de falta de atividade sexual[6].

Depois existe a questão dos indivíduos que se apaixonam somente por pessoas de seu próprio sexo. Onde esta tendência é genuína e inata, provavelmente é uma herança *kârmica,* herdada de outras vidas na antiga Grécia e Roma onde, por exemplo, as relações homossexuais eram incentivadas.

Há, também, outra explicação para este fenômeno. Já foi mencionado que nem sempre se retorna a um corpo do mesmo sexo. Às vezes, é preciso uma ou duas vidas para se acostumar com a mudança. Pode ser que, em alguns desses casos, sejam pessoas ainda não acostumadas à nova mudança sexual[7].

---

[6] Num tempo em que muitos ainda acreditavam que a masturbação conduzia à loucura, o Bispo C.W. Leadbeater, renomado clarividente, declarou, ousadamente para sua época, conforme relata Mary Lutyens, "haver advogado a masturbação como medida profilática em certos casos, como um mal muito menor do que o trato com prostitutas ou a obsessão com pensamentos eróticos." (LUTYENS, Mary. *Krishnamurti: Os Anos do Despertar.* São Paulo: Cultrix, 1978. p. 26). [N. Ed. Bras.]

[7] De fato, comentando as pesquisas clarividentes do Bispo C.W. Leadbeater, C. Jinarajadasa afirma: "Em uma [re]encarnação como homem ou mulher, o objetivo é obter qualidades mais prontamente desenvolvidas num sexo do que no outro. Visto, porém, que a capacidade de

O problema do sexo, por exemplo, nas prisões, é bastante sério, onde há muitos homens descomprometidos, longes de suas esposas e namoradas. A vida em um exército gera problemas semelhantes. Imagine a condição de qualquer grande exército e o destino das mulheres nos territórios conquistados.

Sublimação

Haverá alguma cura para as instabilidades e excessos sexuais? Nenhuma cura é instantânea. A verdadeira solução jaz na gradual elevação e educação do pensamento humano sobre o assunto.

assimilar experiências varia nas almas e que, além disso, as necessidades mudam nas diversas vidas, não existe uma regra fixa quanto ao número de encarnações em cada um dos sexos. Geralmente, não acontecem mais de sete vidas consecutivas, nem menos de três, em um [mesmo] sexo antes da mudança para o outro sexo. Contudo, há exceções..." (JINARAJADASA, C. *Fundamentos de Teosofia*. Brasília: Teosófica, 2014. p. 79). Portanto, a média para mudança de sexo seria a cada cinco reencarnações, o que significaria que 1/5 ou 20% dos seres humanos em média estariam numa reencarnação de transição em que pelo menos os traços psicológicos característicos de seu sexo poderiam não estar tão acentuadamente definidos, mas isso não implicaria necessariamente, nesta proporção, em um conflito da pessoa com seu próprio corpo ou uma atração pelo mesmo sexo, pois um homem mais afeminado ainda poderia sentir atração por uma mulher mais masculinizada e vice-versa. [N. Ed. Bras.]

Existem dois aspectos, o físico e o psicológico e, dos dois, o segundo é, de longe, o fator mais importante e preponderante.

Do lado físico, certos fatores tendem a acentuar ou diminuir o ímpeto sexual físico. O alimento exerce maior influência neste quesito, do que geralmente se compreende. Tanto o hábito de comer carne quanto a ingestão de bebidas alcoólicas são fatores contributivos para a excitação sexual indevida. A carne, especialmente quando ingerida em excesso, aumenta a potência de todos os impulsos agressivos e passionais. Os japoneses são um povo que come arroz, mas o exército japonês alimentava-se de carne. "Caso contrário", como colocou um oficial japonês, "não conseguiríamos um desempenho suficientemente bom deles". O consumo indevido de álcool tem efeito semelhante, como descobriu o Exército da Salvação. Em um grau menor, o fumo em excesso tem o mesmo resultado. Isso é evidência de que uma dieta pura e moderação ao comer e beber podem auxiliar a restringir a sexualidade excessiva. O exercício físico também ajuda nesse sentido, embora camas macias, banhos quentes e uma vida autoindulgente são todas causas que contribuem para essa corrupção sexual[8]. O capitão de um navio mercante disse, certa vez, como aprendeu a controlar seus ímpetos sexuais. Tal como todos os marinheiros, ele tinha que necessariamente passar por longos períodos sem ver ou tocar uma mulher. Assim, tomou a determinação de fazer diariamente, durante quarenta e cinco minutos, exercícios físicos extenuantes e disse que foi bem-sucedido com a prática.

O fator psicológico é mais profundo e aqui tocamos em alguns fatos deveras ocultos. Atualmente lemos muito a respeito de sublimação, mas grande parte da leitura parece obscura ou de pouco valor prático. A sublimação é possível, mas sua origem e base lógica não são compreendidas. A verdade é a seguinte: em todo o Universo existe apenas uma vida e ela é eternamente criativa. Flui através de todos os planos de matéria e de todas

---

[8] Dormir no chão, e não em camas altas e macias, também é um preceito clássico para monges budistas: "Observo o preceito de me abster de leitos largos e elevados. Aquele que é votado ao celibato deve evitar esses assentos e leitos que os mundanos usam para o prazer e a satisfação sensuais." (OLCOTT, H.S. *Catecismo Budista*. São Paulo: Ibrasa, 1983. p. 61). [N. Ed. Bras.]

as fases de existência. Os hindus chamam-na de *prana*. Agindo através de nossa estrutura mental, *prana* estimula a descoberta, a investigação mental e o pensamento criativo. A "alegria da criação" é a alegria da descoberta e a invenção. É por isso que pessoas intelectuais muitas vezes têm menos impulso sexual do que muitas outras. Com elas a força criativa tomou outra direção. Emocionalmente a corrente de vida aparece como admiração, amor e êxtase. Fisicamente, se exibe como vitalidade, em especial, na função sexual criativa. A resposta clara está aqui: Aumente-se o fluxo do poder criativo nos outros níveis de existência e a pressão sobre o plano físico será menor.

É difícil fazer isso em nossa época utilitarista, mecanicista, onde as pessoas tornaram-se máquinas em vez de artistas criativos. Há muito tempo atrás, houve uma época em que mesmo na criação de artigos para uso doméstico, o trabalhador podia ser um artista em sua obra. Agora, no sistema fabril, homens e mulheres fazem uma pequena parte de um produto e observam uma máquina fazer o restante, de modo que eles também se tornam uma máquina, sem meios de dar vazão às suas habilidades criativas e artísticas.

A livre investigação, o estudo intelectual, uma vida regrada e exercícios diários são fatores que contribuem para o controle sexual, mas o maior de todos jaz na natureza emocional e em suas contrapartes superiores, os princípios espiritual e intuitivo. O ser humano moderno perdeu seu modo livre e natural de sentir. Ele sofre de "supressões" que, na maioria dos casos, remontam à primeira infância.

Não faz muito tempo, a educação consistia principalmente em entulhar fatos intermináveis na cabeça da criança e em infligir nelas um fardo intolerável de tarefas de memorização. Consequentemente, a natural espontaneidade do cérebro infantil era muitas vezes arruinada para sempre. Atualmente, a educação está melhorando. Ainda se enfatiza demais a memorização. Conseguir passar nos exames não significa que a criança irá lidar com os problemas da vida de maneira prática e sensível. Ouve-se também falar muito a respeito de desenvolvimento do corpo físico. Isso começou, em grande parte, com a primeira Grande Guerra Mundial, quando a Inglaterra descobriu que era uma nação C_3[9]. Então, os ditadores partiram em busca de força e saúde, mas o resultado foi sinistro. A raça deveria ser saudável e forte para prover soldados em abundância e derrotar outras nações! Ainda assim este movimento saudável é um passo adiante da dieta de fome e da horrenda monotonia das escolas descritas por Charles Dickens.

No entanto, o maior de todos os fatores é deixado sem desenvolvimento: a natureza emocional. Mais do que pão, mais do que conhecimento, a vida humana depende do crescimento livre e saudável de sua natureza amorosa e do desejo. A própria palavra "emoção" mostra seu significado, a força motriz que está por trás da vida. A humanidade precisa amar, admirar, apreciar, compartilhar generosamente e cooperar. De outro modo não se consegue viver uma vida feliz e útil. Essas qualidades são o movimento da vida criativa em seu eu

[9] Trata-se de um índice de classificação não muito elevado de saúde pública que a Inglaterra chegou na época da primeira guerra mundial, provavelmente por consequência das dificuldades da própria guerra. [N. Ed. Bras.]

emocional e se essas qualidades são livres e belamente cultivadas, a pessoa tem a mais bela força de sublimação na criação. Os poetas sabem muito bem disso. Frequentemente os poetas ensinam-nos além do que sabem, melhor do que os filósofos. Wordsworth escreveu:

> *"Vivemos pela admiração, esperança e amor*
> *E certamente quando essas coisas estão bem e sabiamente ordenadas,*
> *Ascendemos em dignidade de existência".*

Muitas pessoas esqueceram como exercitar e expressar suas emoções. Elas sentem que não amam nada nem ninguém e que ninguém as ama. Suprimida nos caminhos normais, a natureza emocional busca refúgio expressando-se de maneiras indesejáveis. Se ensinarmos nossos filhos a amar verdadeiramente e a admirar generosamente, eles terão poucos problemas com suas naturezas sexuais, nos anos posteriores.

Ocultamente ligado à natureza emocional está o ser espiritual, trabalhando naquilo que é chamado de nível de aspiração e intuição. Existe uma sutil conexão entre as duas palavras, por isso o elo duradouro entre religião e sexo, que jaz no fato de que o impulso criativo do plano físico é o polo inferior daquela força mística, criativa que finalmente leva a alma à "união com Deus". A religião pode ser, e é, um meio poderoso de sublimação. Instintivamente, algumas mulheres se entregam ao êxtase religioso, sublimando o impulso sexual. O polo superior do amor físico é a adoração, a veneração. Na verdade, o amor sem sexo não é perfeito se não incluir o elemento de adoração. É comum que as pessoas achem graça do "namorico" de adoração, da autoentrega dos adolescentes, mas pode ser que, somente então, naquele despertar puro de sua mente e coração, que o menino ou a menina conheçam o verdadeiro significado do Universo. Amor, adoração, veneração, apreciação: esses são os verdadeiros solventes. Muitos casais, unidos apenas pela atração sexual, jamais conseguem perdoar-se por terem sido privados de amor e assim se instala a mais pavorosa de todas as coisas: o ódio marital de um cônjuge por outro.

A qualidade do amor

Será o amor uma "arte" que pode ser aprendida? Por um lado, nós realmente não temos nada mais a aprender. Mas o amor, o amor verdadeiro, altruísta, generoso e divino é o produto de um lento crescimento e leva muitas encarnações para se desenvolver. É tanto uma ciência quanto uma arte, as eternas mãos direita e esquerda de toda potência. Ciência e religião, sendo essa última apenas uma abordagem "artística" à vida, não são opostas entre si. Uma apenas complementa a outra. O método científico é de baixo para cima, por meio de investigação paciente e abnegada. O método artístico é de cima para baixo, iluminando e inspirando a mente e o coração com o fluxo brilhante da intuição divina. Uma explica a outra, mas talvez os divinos voos da arte penetrem mais além, até a luz celeste, do que o caminhar paciente e firme da ciência, pois, como diz George Sand: "A mente busca, mas é o coração que encontra".

Assim como existe uma arte de adorar a ser aprendida de maneira sempre mais fina e nobre, existe também uma arte de amar a ser aprendida através de meios mais elevados e mais nobres de amar. Um grande amante é verdadeiramente um artista que conquistou por meio de sacrifício e dor sua capacidade divina. Tal como o poeta, ele nasce assim e não se torna assim, e isso não é um fenômeno tão comum como muitas pessoas poderiam supor. Feliz é a pessoa que possui esta capacidade; que ela não peça nenhuma outra bênção, pois dentro dela está a "Luz do Mundo". Existe um velho provérbio que diz que é o amor que faz o mundo girar. Sem o amor que, na verdade, é a força criativa da Deidade em nossas almas, todas as coisas deixariam de ser. Descartes disse: "Penso, logo existo". Coloquemos assim: "Amo, logo existo". Pois aquele que não ama já está morto.

O relacionamento na vida é uma aula na escola do amor, ensinando as formas de amar. Para colher seu pleno poder não devemos permitir que o vício da posse egoísta nos fascine. Geralmente, supõe-se que o ciúme é um sinal de amor, mas é apenas uma prova de amor-próprio. Ele é "natural", mas podemos sair do natural para o sobrenatural. Numa antiga escritura tibetana estão enumeradas sete formas de amor, quatro pertencentes aos deuses e três aos seres humanos. A mais inferior das três formas humanas é a mera atração física, compartilhada também por átomos e moléculas, a qual se exaure logo que é satisfeita. Uma forma superior pode ser chamada de psíquica; está em base recíproca: 'eu te amarei se tu me amares, e me deves algo por eu te amar'. Esta forma contém em si a semente de sua própria morte. A terceira forma já beira o estilo dos deuses e é um pouco difícil para os seres humanos atingirem; por isso, geralmente tem de ser aprendida. É amar tanto o ser amado que desejemos apenas seu bem mais elevado e essa seja a finalidade única. Um amor assim é imortal e as eras não conseguem extingui-lo. Existe a história de uma devotada esposa indiana que se aproximou do Senhor Buda quando Ele estava na Terra para Lhe perguntar como poderia ter certeza de que estaria com seu bem-amado marido em todas as vidas futuras sobre a Terra. O Santo Ser respondeu que se ela conseguisse ser inabalavelmente fiel, carinhosa e pronta para perdoar, ela ataria o coração dele ao dela durante todas as vidas vindouras.

O amor, em seu sentido mais elevado, é isento de egoísmo e de muitos desgostos e perdas, ele serve para ensinar à alma este supremo segredo. O amor imortal é como o Sol, brilhando sobre o mundo porque ele é luz, sem nada pedir em troca. A possessividade é uma impureza não expurgada; por isso, a bem-aventurança celeste do verdadeiro amor não pode surgir ainda, pois somente aos "puros de coração" abre-se a Visão Divina em todo seu esplendor.

Quando enobrecido pelo amor, o sexo é purificado, exaltado; e pode, como foi dito anteriormente, tornar-se verdadeiramente uma passagem para Deus, para o Rei em Sua beleza. Como devem ser raros, maravilhosos, belos, os amantes que o obtêm! Contudo, esse amor pode ser obtido.

> *"Oh! O mundo, como Deus o fez, é todo beleza,*
> *E sabendo que isto é amor, e que amor é dever,*
> *O que mais pode ser buscado ou declarado?"*
>
> Robert Browning

Simplesmente amar o outro como fonte de satisfação pessoal é o que Blavatsky chama de *"égoisme à deux"*. Amor assim não pode durar. A onda vibratória entre os dois amantes deve ser fechada, formando um triângulo. O amor entre homem e mulher tem uma qualidade curiosa; por si só não consegue viver. Deve ser consagrado e santificado por Algo Superior a ele próprio.

> *"Eu não podia te amar, querida, pois sendo*
> *Tão Amado eu não podia ser mais honrado".*
>
> Richard Lovelace

E assim Deus, o Ideal, deve completar o triângulo, o Ser do outro mundo a quem os amantes devem obediência. Ou, seguindo outra direção, o elo que prende pode ser um filho, pois ele, quando chega, é o Cristo Criança, o Rei. O pai e a mãe são apenas seus guardiões, seus supremos servidores.

O divórcio

Devemos ou não divorciar-nos de um(a) parceiro(a) com quem não vivemos em paz? Esta é uma questão muito controversa. De um lado existe o ponto de vista no qual o divórcio deve ser obtido após ser pedido e, sob o prisma da Igreja Católica Romana, o divórcio não é permitido. O divórcio atingiu tais proporções em alguns países que a estabilidade da nação e da família parece seriamente ameaçada. Mesmo a Rússia, a princípio muito liberal com os divórcios, agora se esforça para evitá-lo sempre que possível. Provavelmente, o ponto de vista religioso da Igreja contra o divórcio surge a partir das palavras de Cristo: "Aqueles a quem Deus uniu, nenhum homem pode separar". Será que o Ocultismo apoia isso?

Até certo ponto sim. O significado interior e o efeito psíquico da cerimônia religiosa do casamento produzem uma alteração nas irradiações psíquicas de ambos os consortes, que em alguns casos persiste após a morte. Isto significa que o divórcio jamais deve ser permitido? Provavelmente não, mas é evidente que a terrível predominância do divórcio no mundo moderno está realmente baseada na grave falta de caráter e de instrução e, também, em casamentos feitos às pressas. O casamento, particularmente entre os jovens, é muitas vezes um ato impulsivo, deslumbrado, que dura um curto período de tempo quando posto em contato com os fatos mais desapaixonados da vida de casado. Oliver Goldsmith abre seu famoso livro *O Vigário de Wakefield* com as palavras: "Escolhi minha esposa enquanto ela fazia o vestido de casamento, pelas qualidades que lhe cairiam bem". Quantas vezes o jovem confuso é guiado por suas emoções não treinadas e a jovem igualmente confusa provavelmente foi nutrida com uma dieta de quimeras românticas e sentimentais e está esperando, como fazem tantas jovens, um príncipe encantado continuamente de joelhos perante ela. A mãe cansada; a dona-de-casa inadequada; o marido com a barba por fazer, prosaico, que logo "não dá valor" à esposa amada, muitas vezes produz uma desilusão prematura.

Nossos jovens devem ser treinados para o casamento, que é o maior empreendimento da vida da maioria das pessoas. O fato de as garotas modernas ignorarem tudo que pode conduzir a um lar feliz é assustador. Elas não deveriam chegar à idade adulta despreparadas nas artes de cuidar da casa, cozinhar, criar, amamentar e sem ser instruídas quanto a uma vida sexual saudável e equilibrada e, sobretudo, do seu real significado. Elas deveriam saber que a conduta feliz e apropriada de um lar é o seu privilégio mais elevado, pois aí jaz não apenas sua própria felicidade, mas a de seu marido, de seus filhos e de todo o futuro da raça.

A maioria dos homens deseja um "lar". No fundo do coração, o homem é mais simples do que a mulher. Ele deseja uma mulher para quem possa retornar ao sair do trabalho, ele deseja um lar e filhos por quem possa trabalhar e viver. O marido feliz, contente, geralmente não busca aventuras em outro lugar. Mas são as crianças que sofrem mais com o divórcio. Lá está o pobre menininho tão infeliz e confuso com a sucessão de "papais". Lá está a menininha de doze anos que ficou chocada com o divórcio de seu pai amado e sua mãe a tal ponto que desenvolveu um caso grave de diabetes. As mulheres devem compreender que formar um lar é a mais sublime e adorável de todas as artes, exigindo qualidades sensíveis, altruístas e duradouras, além de todos os outros caminhos do serviço. Não pode haver leis mais inflexíveis com relação a estas coisas. É impensável que um marido ou esposa deva permanecer preso durante toda a vida a um parceiro lunático, sádico ou brutal e egoísta. Mas essas são coisas pequenas entre as causas gerais para o divórcio.

O celibato

Será que o Ocultismo considera um benefício a crescente prática do controle de natalidade? Certamente que não. No atual estágio de nosso mundo, às vezes, pode ser necessário limitar o número de filhos, mas a verdadeira limitação de uma família deve vir do autocontrole. Usar outros meios, especialmente para fugir aos resultados do ato sexual promíscuo, produz grandes penalidades *kármicas*. Na verdade, pode-se dizer que toda relação entre os sexos, legítima ou não, produz resultados *kármicos* complicados.

Será o celibato algo a ser recomendado? Existe um celibato natural que ocorre no ocultista ou no santo que transmutou totalmente o impulso criativo a níveis superiores. Quando os poderes criativos são desviados do nível físico, eles aumentam a percepção intelectual e os poderes espirituais. Então, para a visão clarividente, a luz do *prana* flui para cima através do canal espinhal e irradia-se acima da cabeça, em vez de fluir para baixo, para os órgãos sexuais. Este processo não pode ser apressado impunemente[10]; ele é o resultado do

---

[10]A poderosa energia da essência do poder criativo, chamada pelos iogues de *kundalinī*, só pode ser despertada e conduzida com segurança por aquele que pratica o celibato, como Taimni é enfático em considerar: "a prática do *Yoga* superior requer completa abstinência da vida sexual, não sendo possível qualquer concessão neste ponto [...], não apenas na indulgência física, mas, inclusive, pensamentos e emoções relacionados com os prazeres do sexo." (TAIMNI, I.K., PhD. *A Ciência do Yoga.* Brasília: Ed. Teosófica, 1996. p. 172). Taimni alerta que o verdadeiro *prānāyāma* [controle da respiração] começa quando há retenção da respiração, e sua prática avançada "desperta *kundalinī*, mais cedo ou mais tarde. Isso pode ser feito com segurança somente após o desejo pela satisfação sexual ter sido completamente dominado e eliminado." (*Ibidem*, p. 207) Por isso, Vivekananda enfatiza que: "Tem de haver perfeita castidade em pensamento, palavra e ação; sem ela a prática de *Râja-Yoga* é perigosa, e pode conduzir à insanidade" (VIVEKANANDA, Swami. *Raja-Yoga.* Calcutta: Advaita Ashrama, 1982. p. 68), porém Leadbeater também alerta, em seu clássico livro *Os Chakras* que deve-se recomendar nesta questão, sobre os perigos da atualização prematura e *Kundalinī*, podendo causar a morte e afetar reencarnações futuras. (LEADBEATER, C.W. *Os Chakras.* São Paulo: Pensamento, 1974. p. 100 *et seq.*) Portanto,

longo e paciente direcionamento do pensamento e da emoção aos propósitos divinos e impessoais. Como disse certa vez um grande ocultista: "A força que produz a junção de dois corpos aqui na Terra, enormemente sublimada e elevada, produz a união da alma com Deus".

Os climatérios

Há dois períodos na vida humana em que ocorrem profundas mudanças físicas e psicológicas: na aurora da vida sexual e no seu crepúsculo. Não é sábio, quando se aproxima da puberdade, abarrotar as meninas de trabalho na escola. Esta é uma época de ajustamento especial e qualquer dano então causado pode afetar toda a vida posterior. Elas precisam de muita compreensão e gentileza,

Taimni reitera que "esta ciência é um segredo estritamente guardado, que somente um *celā* [discípulo] propriamente qualificado pode aprender de um guru propriamente qualificado" (TAIMNI, *op. cit.*, p. 207), devendo-se evitar seguir conselhos de iogues imaturos ou excessivamente confiantes. Também o *Hatha-Yoga Pradīpikā* afirma: "*Kundalinī-shakti*, que dorme acima de *kanda*, dá libertação para o iogue e escravidão ao ignorante." (SVÂTMÂRÂMA. *The Hathayogapradīpikā*. Chennai: Theosophical Publishing House, 2012. p. 56 [III: 107]).[N. Ed. Bras.]

muita tolerância e amor para ajudá-las a passar pelas experiências que lhes são desconcertantes. Coisas estranhas podem acontecer; elas podem experimentar ímpetos súbitos de poder, dotados de um tipo de magnetismo compulsivo, por meio do qual outras pessoas podem ser influenciadas. Será que compreendemos que o magnetismo sexual é a fonte de toda atração em nós, física, artística e criativa? Depois, podem ocorrer efeitos físicos também, tais como ver cores rodopiantes, transformando-se em estranhos estados de sonho quando nada parece real. Nesses dias, é primordial que uma pessoa mais velha, forte, sábia e gentil se importe com ela. Também com relação aos meninos, o cuidado atencioso e o amor delicado devem guardar a cidadela da integridade do menino. Acima de tudo, os pais devem conquistar a confiança de seus filhos, sem exigir esta confiança, mas tornando-se dignos dela, pois os jovens precisam da garantia de segurança, cuidado e amor para evitar os problemas psicológicos da vida adulta.

Na outra extremidade deste ciclo ocorre o desaparecimento da capacidade de procriar. Nas raças altamente evoluídas e especialmente entre as mulheres que viveram vidas celibatárias, a menopausa ou a "mudança de vida", como é chamada, estabelece-se mais cedo. Isso parece ocorrer posteriormente em mulheres que tiveram muitos filhos. É inevitável que nos compadeçamos com as mulheres que vivem as dificuldades dessa mudança, pois novamente ocorrem sintomas psicológicos estranhos. Durante essas duas mudanças importantes na vida, elas devem ser cercadas da maior solidariedade e compreensão. Com as mulheres mais velhas, cujos dias de gravidez estão se aproximando do fim, é preciso mais ternura e a cessação de união marital não desejada.

O homem passa por experiência semelhante? De um modo mais subjetivo, sim. Um notório sinal do climatério masculino[11] é o súbito desenvolvimento do interesse por mulheres mais jovens. Muitos maridos sóbrios e respeitáveis fazem tolices em idade avançada. Este é verdadeiramente o canto do cisne do impulso sexual no homem. Para ele juventude e sexo são muitas vezes sinônimos e as-

[11]Relativo ao que hoje se chama de andropausa. [N. Ed. Bras.]

sim ele deve persuadir-se de que ainda é jovem, capaz de excitar interesse no outro sexo.

Tanto os jovens quanto os idosos precisam de abrigo e cuidado. As idades intervenientes podem manter-se sobre seus próprios pés e lutar suas próprias batalhas. O que é mais doloroso de lidar são os "lares" sucateados nos quais algumas pessoas pobres e velhas estão condenadas a viver e morrer. Duas coisas machucam quando são vistas: juventude sem esperança e velhice sem paz.

Capítulo 2

O desenvolvimento interno dos filhos

"Antes de tudo, deve-se ensinar às crianças autoconfiança, amor por todas as pessoas, altruísmo, caridade mútua, e mais do que qualquer outra coisa, a pensar e raciocinar por si mesmas. Devemos reduzir o trabalho puramente mecânico da memória a um mínimo absoluto e dedicar o tempo ao desenvolvimento e treinamento dos sentidos, das faculdades internas e das capacidades latentes [...] Devemos almejar criar homens e mulheres livres, livres intelectualmente, livres moralmente, sem preconceitos de qualquer tipo, e acima de tudo, altruístas".

H.P. Blavatsky

O retorno à encarnação

Como será nosso relacionamento com os filhos? Primeiramente compreendamos que o filho não nos "pertence", nem é uma "lousa em branco" na qual os pais e os professores podem escrever o que quiserem. Ele traz consigo seu próprio caráter e as qualidades e capacidades desenvolvidas em outras vidas. Se ele parece "herdar" certas características de seus pais ou outros ancestrais físicos, isso se deve ao tipo de matéria, expressando, mais prontamente ou não, certos atributos que seus pais lhe transmitiram e também a enorme influência informativa do ambiente nos primeiros anos.

Há três forças que operam para trazer uma alma a determinado lugar na vida. Primeiramente há uma tendência evolutiva geral que, desimpedida, automaticamente levaria cada alma às melhores circunstâncias para seu progresso futuro na evolução. Mas essa força, a verdadeira "Vontade de Deus" conduzindo todas as coisas à sua realização e beatitude últimas, é muitas vezes impedida por dois outros poderes: o *karma* pessoal criado pelas ações do indivíduo em vidas passadas e os elos indestrutíveis formados com outras almas no passado.

Quando soa a hora da alma, após um longo período de repouso, realização e paz nos mundos internos, durante o qual ela assimilou as lições de suas experiências na vida pretérita, transmutando--as em poderes da alma, ela retorna à Terra para mais um dia na grande escola da vida. Ela retorna um dia mais velha, com um pouco mais de experiência, com suas faculdades inatas da mente e do coração um pouco mais desabrochadas. Este é o modo como ela "cresce" de vida à vida na eternidade e chegará um tempo em que ela certamente se tornará perfeita:

> *"Aqui ela senta modelando as asas para voar,*
> *O tipo de perfeição em sua mente,*
> *Que em lugar algum na natureza ela consegue encontrar".*
>
> Tennyson

Estará a alma consciente de seu retorno? Somente as altamente evoluídas. O ego em seu próprio plano está desperto e perceptivo, mas nos planos inferiores está bastante inconsciente e novamente tem de encontrar outro corpo para expressão e experiência. O retorno à Terra é semelhante à retirada dela. Nos últimos momentos de vida terrena a alma passageira vê, como numa visão, toda sua vida passada, retornando ano a ano até a infância. Existe uma razão profunda para isso. É como se o ser espiritual, abandonando a arena da vida, se voltasse e visse a totalidade daquele dia que passou na vida, onde ele foi bem-sucedido e onde fracassou. Depois, completada a recapitulação, ele mergulha durante um curto período de tempo em um sono tranquilo, durante o qual seu corpo psíquico é ajustado no plano psíquico[12], em uma existência diferente. Quando desperta, ele encontra em torno de si aqueles a quem ama e que o precederam no mundo após a morte.

A vida no outro lado, cada vez mais feliz e mais sutil, é realmente um processo de assimilação psíquica. Geralmente, nada novo é aí iniciado, mas o ego vive através de uma longa concatenação de eventos que surgem de sua consciência mais recôndita. Ao final, seu corpo psíquico abandona-o, deixando-o durante algum tempo em contato com as bem-aventuradas esferas dos mundos espirituais.

[12]Trata-se do plano astral ou quarta dimensão, que alguns autores consideram uma espécie de purgatório *postmortem,* no qual o indivíduo interage através de seu corpo astral, que a autora chama de corpo psíquico. Vide CHARLES Leadbeater. *O Plano Astral,* Ed. Teosófica, Brasília. [N. Ed. Bras.]

Quando esse processo é completado é que ele novamente se para a Terra. *Tanha*, a sede por existência física surge nele tal como o apetite surge quando a digestão é completada.

Esta atenção voltada para fora, para os mundos de experiência objetiva, mais uma vez faz com que a matéria psíquica semelhante à de seu último corpo psíquico, junte-se ao seu redor. Ela ainda não está organizada. A vida fará isso, organizando-a na medida em que ele vive, mas chega com os *samskaras*, ou sementes de tendências boas e más trazidas de vidas passadas, as quais começam a florescer e a colorir as radiações áuricas (que numa criança pequena são de um branco puro) quando ficam sob a influência das mesmas qualidades em ação no mundo externo. Como seria maravilhoso se as criancinhas jamais ouvissem ou vissem algo feio, grosseiro ou pernicioso. Então, primeiramente o bem e o belo floresceriam nelas e assim adquiririam uma influência preponderante através da vida. Os primeiros sete anos da vida de uma criança são, de muitas maneiras, os mais importantes de todos, pois durante esse curto período são determinados e fixados os eixos do crescimento futuro: físico e psicológico. Não foi um dos Papas que disse? "Dê-me uma criança até que tenha sete anos de idade e todo o mundo pode fazer o que quiser com ela posteriormente".

O corpo físico é, acima de tudo, o veículo do *karma* e é construído pelas ordens angélicas para a humanidade. A nacionalidade, a família e o ambiente são heranças *kármicas* de vidas passadas. Nas profundezas dos mundos internos, em todos os momentos da vida, escrevemos o registro para o nosso próprio futuro. Este plano eterno, interior, onde tudo que já aconteceu ainda está acontecendo, é chamado pelos hindus de *Gupta Vidya*, ou registro oculto, e pela Bíblia cristã, "O Livro da Vida". "Teus olhos viam o meu embrião. No teu livro estão todos escritos os dias que foram fixados e cada um deles nele figura". (Salmos 139, v. 16).

É demasiado fácil ver como isso é feito. Tudo é verdadeiramente uma questão de comprimento de onda ou vibração. Quando agimos, falamos, pensamos, pomos em ação um ciclo de vibrações em eterna expansão. A voz cria comprimentos de onda rítmicos no ar, o pensamento cria o comprimento de ondas rítmico, chamados por Patañjali, o sábio indiano, de *vrittis*, numa forma de matéria ainda mais sutil. Tudo isso configura comprimentos de onda sincrônicos, embora muito mais sutis e rápidos, nos planos circundantes e permeados de matéria cada vez mais sutil. Assim toda a ação, palavra, motivo e pensamento ressoa de esfera à esfera e finalmente é registrado naquela forma mais sutil de matéria chamada pelos hindus de *akasha* e pelos filósofos, de o Eterno Agora.

O "Livro da Vida"

Esse "Livro" vivo e comovente é governado e guardado por poderosas Inteligências, no Hinduísmo, os *Lipika* ou registradores; no Cristianismo, o "anjo registrador" que protege o "Livro da Vida". Com base nesses registros autoescritos, essas grandes Inteligências planejam as diretrizes conducentes da vida da pessoa: que nação ela habitará, a família a que se juntará e os eventos principais e inevitáveis da vida vindoura. As escrituras do Islam dizem: "O fado de todo o homem é pendurado em seu pescoço ao nascer".

Este é o verdadeiro horóscopo, conhecido dos antigos Caldeus, mas ainda não plenamente recuperado pelo astrólogo moderno. Não devemos imaginar qualquer tipo de sina ou fado predeterminado no *karma* da vida. É sempre uma corrente em movimento, fluindo, capaz de ser alterada ou redirecionada a qualquer momento, embora isso geralmente só seja feito pelo ser humano evoluído. Os indianos antigos descrevem três tipos principais de *karma*. O primeiro tem a forma de "dinheiro à vista", em que pequenos eventos fluem de pequenas causas, gerados no dia a dia, na medida em que vivemos. Depois os eventos oriundos de vidas passadas, surgindo como grandes fatos inesperados. Por último, a forma "acumulada", esperando expressão adequada a partir de um passado longínquo. A maioria das pessoas vive na superfície, mas aquele que deixa de fazê-lo, embora inconscientemente, começa a viver em um nível mais profundo, às vezes libera esta forma de *karma*, e isso pode trazer problemas e desastres agregados justamente quando elas estão fazendo o melhor possível. Assim, o bom parece sofrer e o mau parece florescer, como "o grande loureiro", porque a Natureza não pede às almas infantis para aprenderem lições que ainda lhes sejam muito difíceis. "Deus não permitirá que sejais tentado acima das vossas forças". (I. Cor. 10, v. 13). Mas um dia as lições mais difíceis chegarão e o pagamento mais pesado será cobrado. "E sabei que o vosso pecado vos achará." (Num. 32, v. 23).

Camada sobre camada, através de sutis inteligências descendentes, precipita-se o plano da vida de cada pessoa, até que finalmente chega às mãos de um pequeno ser angelical, cuja missão é construir o corpo vindouro no interior da mãe, apanhando os materiais tanto do pai quanto da mãe e, ocasionalmente, muito pouco de outras pessoas da família. Muitas mães descreveram como sentiam influências invisíveis à sua volta durante a gravidez.

A alma vem para determinada nacionalidade porque a vida, em suas fileiras, preenche-se e desenvolve características específicas. Ela chega a certos pais porque tem elos com eles de vidas passadas. Jamais deveríamos falar a respeito do "pequenino estranho", pois jamais é um estranho. É sempre alguém que conhecemos no passado e a quem, na maioria dos casos, amamos. O conhecimento dessa verdade ajudaria a mitigar um mal prevalecente, a maternidade possessiva. O filho não nos "pertence", nós não o criamos. Ele veio para ficar sob nossos cuidados, enquanto seu corpo é ainda jovem e imaturo, porque no passado nós o conhecemos e amamos.

Antes do nascimento, a criança é influenciada através da mãe. Daí serem desejáveis condições de paz e felicidade para todas as mães grávidas. Os antigos gregos colocavam belas estátuas perante a mãe grávida para que a criança pudesse ser moldada em belos traços fisionômicos. É de admirar que tantos corpos raquíticos, malformados nasçam em nossas grandes favelas?[13]

[13]Condições ambientais pouco inspiradoras para a vida espiritual tendem a atrair almas com *karmas* desfavoráveis e, por isso, o dever do Estado é de evitar que a pobreza chegue em níveis extremos. A Dra. Annie Besant, em seu livro *Os Ideais da Teosofia*, Ed. Teosófica, chega a declarar, no subcapítulo "A fraternidade aplicada ao Governo, que o maior dever do estado é aprimorar as condições para com os seu pobres honestos. [N. Ed. Bras.]

O primeiro setenário: físico

Anjos invisíveis, ou *devas,* ou seres brilhantes, como são chamados no Oriente, acompanham o fenômeno do nascimento e também da morte. Esses anjos especiais são muito graciosos. Quando a criança nasce, seu corpo físico está aberto a influências do mundo físico à sua volta, mas seus princípios internos ainda estão encobertos. Na verdade, ela "nasce" em camadas sucessivas, durante períodos de sete anos até se tornar adulta.

Durante o primeiro período de sete anos, a criança está acostumando-se ao mundo físico e, portanto, como nos ensina a Sra. Montessori, é em grande parte atraída por cores e formas; desejando tocar, manipular e provar. As mães não devem se surpreender se a criancinha não tiver senso de moralidade, se for infantilmente egoísta; ela está recapitulando a evolução passada da raça. Tal como antes do nascimento, o feto atravessa rapidamente os imensos períodos da evolução física humana, sendo simultaneamente semelhante a um peixe e posteriormente coberto de pelos como um animal e assim, após o nascimento, a criança percorre a evolução psicológica passada da raça. A criança pequena é, de certo modo, apenas um pequeno animal, doce e charmosa como frequentemente é. O que verdadeiramente importa para ela é que se sinta segura, adquira bons hábitos físicos e viva afetivamente em paz. Na verdade, uma atmosfera amorosa é essencial para as criancinhas – são as penas que forram o ninho humano, necessárias ao seu crescimento físico. A criança que não foi amada e afagada por sua mãe está em desvantagem pelo resto de sua vida. Agora se pode entender por que existe tão alta percentagem de mortes nos orfanatos e, atualmente, os médicos recomendam mães adotivas gentis e apropriadas para os pequenos órfãos.

"O amor de mãe" deve ser calmo e profundo, sábio e compreensivo, e não excitado, apaixonado ou possessivo. As mães não compreendem o dano que causam a seus filhos pelo emocionalismo indevido. Uma paz afetiva e segura é requisito para toda criança pequena. Também não se deve continuamente pedir às crianças para provarem ou darem demonstrações de sentimento. Essas coisas chegam com o tempo, e apressá-las indevidamente pode arruinar o que poderia ter sido uma influência amorosa. Quantas vezes o bebê é estimulado a ficar alerta e prestar atenção; este não é um esforço natural e pode ser visto nos olhos raramente brilhantes da criança; o bebê deve ter muitas horas de sono nos seus primeiros anos e deve ser amado silenciosamente. Pior ainda é o hábito comum, maternal, de fazer as crianças demonstrarem sentimento emocional e não natural. "Você ama a mamãe, não ama? Você não quer magoar a mamãe, quer?" É uma tensão sobre o coração e a mente da criança expor-lhe a essas situações.

Por outro lado, muitos botões em flor na aura da criança murcham, às vezes durante toda a vida, pelo tratamento duro e violento. O castigo físico geralmente produz excitação sexual não natural e, em anos posteriores, a guerra psicológica interna pode produzir uma alma pervertida e frustrada. Na verdade, os horrores da infância são tantos e variados que às vezes nos perguntamos como a maioria das pessoas é capaz de ser gentil como elas são!

Não é aconselhável às crianças falarem como um bebê, e, logo que possível, devem aprender a participar do trabalho do mundo, pelo menos naquela parte do trabalho centrada no lar e em torno do lar. Poucas pessoas compreendem como muitas crianças ficam terrivelmente enfadadas, especialmente os filhos de pessoas ricas. Crianças mais pobres pelo menos participam dos assuntos da vida, andam por aí, cuidam do bebê para a mamãe, etc., mas o pobre menino rico (ou menina) nada tem que valha a pena fazer; espera-se que brinque o dia todo e é cercado de brinquedos caros que não deixam espaço para o exercício de sua imaginação criativa.

Crianças mais velhas precisam sentir não apenas que "fazem parte", mas que também são necessários no bem-estar e no trabalho de seu pequeno mundo. Todas as crianças devem ser tratadas com gentileza e respeito. Seus corpos podem ser pequenos e fracos, mas o Ego por detrás não o é, e pode ser mais velho em termos de evolução do que os pais. A maioria dos adultos consegue lembrar sua ira impotente com relação ao modo como as pessoas mais velhas os tratavam, chamando-os de "malcriados" (um termo jamais compreendido pela criança); podemos nos perguntar: como deve crescer uma criança que foi tratada desde o início com profundo respeito e consideração?

Durante os primeiros sete anos, a criança aprende a absorver inconscientemente do ambiente à sua volta e das pessoas nesse ambiente. Daí a suprema importância do exemplo. Dizemos: "As crianças imitam tão bem", e imitam mesmo; suas pequeninas auras refletem, como num espelho, a passageira disposição de ânimo de seus pais.

Crianças psíquicas

Até aproximadamente a idade de sete anos, o Ego imortal está mais ou menos ofuscando seu novo veículo em vez de verdadeiramente estar inserido nele. Inconscientemente, ele é colocado em contato com seu novo corpo pelas hostes angélicas naquele momento antes do nascimento chamado "vitalização"[14]. Para a visão interior, essa influência parece um crescente triângulo de luz no cérebro. Por isso algumas crianças são "psíquicas", vivendo com percepção de ambos os mundos, físico

[14]No original em inglês: *quickening*, relativo ao estágio de gravidez no qual o feto pode ser sentido. [N. Ed. Bras.]

e psíquico ao mesmo tempo. Não se deve supor que a criança seja necessariamente mentirosa, se fala a respeito de alguma coisa que os adultos não conseguem ver. Muitas crianças sensitivas veem o mundo das fadas com seus "habitantes pequeninos" que simplesmente estão além da visibilidade humana comum, mas não além da visão psíquica da criança. As fadas são as guardiãs naturais das árvores, flores e dos insetos inferiores e, embora geralmente tenham uma inteligência elementar, são muito imitadoras e brincalhonas e, às vezes, elas percebem as crianças, veem-nas e respondem adequadamente. Muitas vezes a criança tem um parceiro invisível que pode ser uma fada ou uma criança que deixou a vida física; muitas mães já falecidas confortam e brincam com seus filhos quando eles deixam seus corpos através dos portais do sono. Quem não lembra a encantadora história contada pelo Padre R. H. Benson a respeito do menininho solitário com quem Nossa Senhora brincava a cada noite. Com certeza devemos contar histórias para as criancinhas e lhes ensinar poemas; a beleza pungente que nasce em suas imaginações permanecerá com elas durante toda a vida.

O segundo setenário: emocional

Por volta dos sete anos, quando a segunda dentição começa a surgir, ocorre um fenômeno maravilhoso que pode ser observado por pais, mães e instrutores perspicazes. Quase que subitamente a criança parece um pouco diferente, talvez não tão angelical e charmosa. Até este momento, o anjo da guarda que construiu seu corpo também cuidou dela desde o nascimento. O anjo agora está partindo e o próprio ego da criança está assumindo o controle. No caso de um grande gênio, isso às vezes ocorre muito mais cedo. É bastante lógico, portanto, que a Igreja Grega não responsabilize a criança por "pecado mortal" antes da idade de sete anos.

Durante o segundo setenário, dos sete até quatorze anos, a veste emocional da consciência está aberta aos impactos do mundo. Consequentemente, quatorze anos, a idade média da puberdade, é chamada a idade sentimental. Até os sete anos, o mundo físico externo molda o transcurso da nova vida; posteriormente, o sentido interior e os valores começam a se desenvolver. Portanto, nesta idade, o ensino pode ser ministrado por meio de imagens e parábolas e o ponto de vista espiritual pode ser assimilado. Como é a natureza emocional que agora floresce e se desenvolve, há que ser recomendados o amor, a apreciação e a misericórdia nesses primeiros anos da puberdade. Esta é a idade na qual se deve ensinar às crianças a cuidar de animais de estimação e não durante o setenário anterior. Para a mente imatura, pode-se exigir muito trabalho de memória; não importa que a criança não entenda plenamente o que aprende, pois isso despertará nela posteriormente.

Ao se aproximar a idade de quatorze anos, a natureza sexual desperta tanto em meninos quanto em meninas. Em algumas crianças e em algumas zonas climáticas esta mudança ocorre ainda mais cedo. É muitas vezes acompanhada de uma grande perturbação do sistema nervoso, mais especialmente nas meninas. Os exames e a tensão mental não são apropriados para crianças nessa idade; muitas vezes professores e até mesmo mães não compreendem o que significa esta grande mudança para toda a natureza da menina. Explicações sobre a menstruação devem ser delicadas e amorosas, e deve-se fazer a criança entender que este é o modo da Natureza preservar o poder de criar um novo corpo sem perda ou dano para ela mesma no futuro. É bom evitar a apreensão e o desânimo que pode suceder à instrução insensata com relação a esta mudança natural. Os meninos não têm esta evidência externa da chegada da puberdade, contudo, algo semelhante ocorre em sua constituição. Em ambos os sexos, este é um período de instabilidade nervosa e emocional e ambos podem ser acometidos por estranhas depressões e ideias assustadoras. Esta é a idade quando religião e arte são meios potentes de dirigir e até mesmo sublimar a vida criativa na juventude.

As crianças geralmente são curiosas a respeito de sua própria origem. Será que se deve explicar isso a elas? Certamente que sim, de maneira amorosa, gentil, mas com sinceridade e franqueza, pelos pais. Furtar-se a esta responsabilidade pode produzir resultados desastrosos, como quando a informação é obtida de pessoas ignorantes ou de colegas maliciosos da escola. Os fatos da vida podem ser explicados de maneira tão linda e simples que, posteriormente, nenhum pensamento maligno sobre esta função pode tocar a criança.

O terceiro setenário: mental

Durante o terceiro setenário, de quatorze aos vinte e um anos, a mente começa a desabrochar. Neste momento, a companhia de pessoas mais velhas é de imensa importância. Talvez tenhamos ido longe demais na glorificação da juventude como tal. Os jovens precisam da influência firme dos mais velhos, assim como os mais velhos também precisam da brilhante inspiração dos jovens. É aconselhável a coeducação, mas a segregação dos sexos é antinatural; para os meninos, ver apenas meninos como eles mesmos, ou instrutores jovens e imaturos, produz uma curiosa falta de desenvolvimento observável em anos posteriores. O jovem deve ter a companhia de membros do sexo oposto de sua própria idade, além de frequente associação e conversa com adultos. Ele deve entrar em contato tanto quanto possível com os trabalhadores de diferentes profissões no mundo; que ele auxilie o jardineiro, o cozinheiro, o encanador; em sua vida adulta ele será mais rico em termos de compreensão, de sabedoria e em sua própria alma.

Nossa atitude para com os filhos

Os pais devem ser filosóficos em relação aos filhos, não levando seus pequenos pecados muito a sério, nem esperando ainda que eles "sempre concordem com tudo". Muitas mães são excessivamente sérias com relação a seus filhos, que frequentemente progridem mais com uma babá afável e gentil. Elas devem sentir-se satisfeitas se tiverem filhos cheios de vida e energia, que 'dão trabalho', e provavelmente serão adultos com atitude, em contraposição àqueles que são apáticos e dão menos trabalho na infância. Os filhos não devem ser mimados demais; o ego da criança pequena alegra-se e cresce ao tentar fazer as coisas por si mesmo, embora aos trancos e barrancos. Em termos razoáveis, é válido permitir que eles tomem decisões e escolham suas próprias roupas, como disse uma sábia mãe, quando questionada a respeito de deixar que o filho de dez anos escolhesse seu próprio terno no alfaiate: "ele tem que remar sua própria canoa na vida e quanto mais cedo começar melhor". Isso certamente é melhor do que encontrar homens de cinquenta anos ainda presos às barras da saia da mãe.

A confiança das crianças pode ser conquistada e não exigida, mas pela sua descoberta de que seus pais sempre lhes ouvem com simpatia e sem condenação, porque eles desejam sinceramente auxiliar e não dominar. Felizes são os pais cujos filhos os amam e reverenciam. Amor e reverência não são direitos inatos dos pais, mas devem ser conquistados. Os pais não devem esperar ser "amiguinhos" de seu filho ou filha; os mais velhos jamais podem sê-lo com relação aos jovens, nem os jovens querem assim; o jovem quer o confortador, o instrutor, o guia, pronto para entender, pronto para auxiliar, sereno e compreensivo sempre. Quão mais agradável é este relacionamento do que o de um "coleguinha". Como é adorável a juventude, embora também a velhice possa sê-lo; uma é o complemento da outra. O nascimento de uma alma que encarna é um processo longo, que não é reiterado completamente durante muitos anos após o nascimento do corpo. Aqui, mais uma vez, como é maravilhosa a intuição de um poeta! Essas verdades estão belamente expressas em *Intimations of Immortality* de Wordsworth:

> *"Nosso nascimento é apenas um sono e um esquecimento;*
> *A alma que se eleva em nós, a estrela de nossa vida,*
> *Em algum outro lugar teve seu ocaso,*
> *E vem de longe não com total esquecimento, e não em total nudez;*
> *Mas trilhando nuvens de glória, nós que viemos de Deus, que é nosso lar.*
> *O céu está à nossa volta na infância;*
> *Sombras do lar-prisão começam a se fechar sobre o menino em crescimento,*
> *Mas ele observa a luz, e de onde ela flui,*
> *Ele a vê, jubiloso;*

O jovem, que diariamente se afasta do Oriente deve viajar, sendo o sacerdote da Natureza.
E pela visão esplêndida é atendido em seu caminho;
Finalmente o homem percebe-a esmaecer-se
E desaparece na luz do dia comum".

Existem algumas pessoas em quem os brilhantes ideais da juventude jamais morrem completamente, eles são jovens de coração, não importa a idade. Muitas pessoas zombam dos ideais de sua juventude e dizem que são "mais sábios agora", mas não são necessariamente mais sábios. Elas apenas depositaram o cetro de sua própria majestade e abdicaram do trono de seu próprio poder criativo e imaginativo. É uma pena que os seres humanos possuam este poder e jamais o usem, este *kriyashakti* dos deuses e da humanidade.

Capítulo 3

O *yoga* da maternidade

> *"O Céu jaz aos pés das mães"*
>
> Maomé

A natureza sagrada do parto

O antigo legislador indiano, Manu, ordenou aos homens de sua mais elevada casta, a Brâmane, uma meditação de quatro horas começando diariamente durante a aurora. Quando lhe perguntaram o que ele ordenaria para as mulheres, sua resposta foi: "A maternidade é o *Yoga* das mulheres". Esta afirmação do grande sábio é defendida pelo Ocultismo e pela medicina moderna[15].

O famoso vidente, C.W. Leadbeater escreve que quando um Ego viveu como uma mulher, a vida celeste seguinte geralmente é mais longa do que no caso de uma encarnação masculina. É fácil ver por quê. Que tremendo altruísmo, ternura, paciência, abnegação deve caracterizar a verdadeira

[15]Algumas pesquisas atuais vêm buscando sustentar que as mulheres que não tiveram filhos teriam mais predisposição a miomas no útero, e as que não amamentaram teriam mais predisposição a nódulos ou tumores no seio, ou seja, por não terem exercido a maternidade. [N. Ed. Bras]

mãe. Não é de admirar que a vida celeste seguinte seja tão longa!

Muitas mulheres temem o parto. Isso se deve, em grande parte, ao ensinamento errado e às conversas vazias de significado. O medo em si contrai os músculos e atrapalha o trabalho de parto. O Dr. Grantly Read, em seu livro *Childbirth Without Fear* (Parto sem Medo), escreve: "O parto é uma função normal e natural. Sua recompensa última é desproporcional aos sacrifícios em que se incorre. Na lei natural, é a perfeição da condição feminina no grande desígnio para a continuidade da espécie. É o objetivo das mais fortes experiências emocionais da natureza humana. Muitas mulheres descreveram suas experiências de parto como estando associadas a uma elevação espiritual, de cujo poder elas jamais haviam previamente se conscientizado. Eu testemunhei isso com muita frequência, tornei-me tão profundamente consciente da inexplicável transfiguração das mulheres no momento da chegada de seus bebês que fui levada, como de costume, a perguntar: Por que isto? Não é o sentimentalismo, não é o alívio do sofrimento, não é simplesmente a satisfação da realização. É maior do que todas essas coisas. Será que o Criador pretendia atrair as mulheres para mais próximo de Si no momento da realização do amor? Será que é a recompensa natural daquelas que aperfeiçoam seu propósito último na vida?".

A experiência do médico pode ser corroborada por muitos. Inúmeras mulheres declararam que o nascimento de seu filho, especialmente do primeiro, produziu nelas um tipo de êxtase comparável à consciência estática de um santo. Para elas aquilo foi, e permaneceu sempre, como uma "iniciação". O *yoga* da Maternidade é um *yoga* bastante real. Pode-se dizer a toda mãe verdadeira, como disse o Anjo à Mãe de Nosso Senhor: "Ave, Maria, cheia de graça, o Senhor é convosco. Bendita sois vós entre as mulheres, e bendito é o fruto de vosso ventre".

O Ocultismo diz-nos que o processo do nascimento é invisivelmente assistido por certas ordens de natureza angélica ou *dévica*, e que no topo de sua hierarquia ascendente está aquela que certa vez foi a mãe de Nosso Senhor aqui na Terra, a Virgem Maria, que agora se tornou a Mãe do Mundo. Todas as mudanças na vida humana são assistidas no plano psíquico por adoráveis formas angélicas. Belos são os Anjos da Morte; mais belos ainda são os Anjos do Nascimento.

O divino feminino

A Índia sabe que um aspecto de Deus é a Mulher Divina. Assim, cada membro de sua grande *Trimurti* tem Sua esposa, ou Shakti, sem a qual Ele é totalmente impotente. Ele é o poder estático, ela o dinâmico. Deste modo *Brahmā*, o Criador, tem como consorte Saraswati, a Minerva hindu, que é sempre representada com a *vina* [espécie de alaúde], porque é a deusa da fala e da canção, enquanto seu marido é o deus do pensamento criativo. Vishnu, o deus do amor, tem a Vênus hindu, Lakshmi, a deusa da beleza e da alegria. E o grande Shiva tem a adorável Parvati, a "filha dos Himalaias", a "Nossa Senhora" hindu.

Esses tipos adoráveis da condição feminina podem ser vistos na Índia, às vezes entre mulheres que não conseguem ler ou escrever, mas que conhecem de cor as gloriosas estâncias de sua antiga e maravilhosa literatura. Em nenhum outro lugar do mundo vê-se graça e beleza tão delicadas como podem ser encontradas na mulher indiana da alta casta. Um brâmane disse certa vez com lágrimas nos olhos: "Eu sou um homem de quarenta anos, sou reconhecido nas cortes como um *Vakil* de língua ferina, contudo nem um dia sequer saio de casa sem me curvar aos pés da minha sagrada mãe". A Índia tem a adoração à mãe e não adoração à esposa ou à mulher.

Fundamentalmente, a mulher não é feita para lutar no tumulto do mundo, para competir nos mercados de trabalho, nem para se tornar nada mais do que um computador[16]. Se ela ao menos

[16] "*Brain-box*", no original em inglês, significando literalmente "caixa-cerebral" ou também figurativamente "máquina de pensar." A Srta. Clara Codd (1876 – 1971) escreveu esta obra vem 1960, e isso deve ser levado em conta pelo leitor, porém parece ser um fato inegável que o estresse da vida moderna e sua excessiva carga horária de jornada de trabalho está longe de ser a condição saudável e ideal para conduzir uma gravidez ou mesmo conseguir engravidar. É também difícil de avaliar, por exemplo, quanto dos males da depressão ou até do envolvimento com o tráfico de drogas e a violência do mundo atual possa estar relacionado à desestruturação do relacionamento familiar e à falta de tempo e atenção para a educação das crianças, frequentemente delegadas a terceiros desconhecidos em creches, se comparada à maneira

compreendesse onde estão seus grandes e divinos poderes, o mundo poderia ser salvo em poucas gerações. Não que a mulher não deva ser totalmente livre e ter liberdade para fazer o trabalho que desejar na vida que escolher; mas se tivesse os ideais corretos e antigos, na maioria dos casos, ela escolheria aquele trabalho que só ela pode fazer. Nenhum homem consegue fazê-lo. O poder do homem, comparado ao da mulher, é o poder de uma criança. E em seus corações masculinos eles sabem disso e anseiam, inconscientemente, pela mulher ideal, sábia e graciosa a quem possam adorar, a quem possam dar seus corações e de quem possam se aproximar como uma enseada de paz, amor e compreensão. Pois o marido, apesar de tudo, é apenas o filho mais velho de uma mulher, e a constituição de um lar não consiste de mobília rica, mas do atencioso espírito de amor, paciência e perdão que forma um genuíno santuário de segurança. Mas aquela que cria um lar adorável é alguém que esqueceu de si mesma, cuja vida in-

antiga de educar. Talvez a nossa civilização, neste ponto, tenha ido de um extremo ao outro, e esteja ainda longe de ter amadurecido o suficiente para poder fazer uma autoanálise imparcial ou encontrar um ponto intermediário de equilíbrio. [N. Ed. Bras.]

teira é uma autoabnegação colocada aos pés dos outros. Isso pode ser mais adorável ainda do que todos os êxitos sociais ou políticos, no mundo externo, porque é o serviço aos vivos, às almas em crescimento.

O supremo poder da mulher

Aqui está o verdadeiro *yoga* das mulheres. Não poderia haver uma maneira melhor, mais bela de encontrar Deus e se tornar um com Ele. Estas são as palavras de um grande Adepto indiano: "A missão da mulher é tornar-se a mãe de futuros ocultistas, dos que hão de nascer sem pecado, pois da elevação da mulher dependem a redenção e a salvação do mundo. E não até que a mulher rompa os laços de sua escravidão sexual aos quais foi submetida, o mundo não obterá um vislumbre do que ela realmente é e do lugar que lhe está reservado na economia da Natureza[17]. A luz que virá ao mundo quando descobrir e verdadeiramente apreciar este vasto problema do sexo será como 'a luz que

[17]BEECHEY, K.A. *Meditações: Excertos de Cartas dos Mestres de Sabedoria.* Brasília: Teosófica, 2003, p. 47. [N.Ed. Bras.]

jamais brilhou sobre o mar ou sobre a Terra'. Então o mundo terá uma raça de Budas e Cristos".

Ser uma boa mãe é o trabalho de toda uma vida. É um trabalho árduo. Muitas vezes sua mente deve ficar embotada pelo contato contínuo com seres muito imaturos; muito frequentemente ela deve fatigar-se com o egoísmo inconsciente de todas as crianças pequenas. Mas quando seus filhos atingem a idade adulta, que recompensa é para ela! Seu coração está pleno, maduro, ainda crescendo, pois ajudou Deus a moldar almas imortais. O autor dos versos a seguir é desconhecido, mas como é verdadeira a ideia:

> *"Uma parceria com Deus é a Maternidade,*
> *Que força, que pureza, que autocontrole,*
> *Que amor, que sabedoria, deve pertencer àquela*
> *Que ajuda Deus a moldar uma alma imortal".*

E envelhecer como mulher e mãe, como é adorável! A sabedoria resplandece de um rosto assim, a sabedoria do coração. Não apenas seus próprios filhos buscam aí o conforto, mas todos os solitários, os confusos e os perdidos. "Mater Consolatrix" é o mais adorável título de Nossa Senhora e de todas as mulheres. Um poeta irlandês, Joseph Campbell, colocou isto num lindo verso:

"Como uma vela branca,
Num local sagrado,
Tal é a pureza
De um rosto envelhecido.
Como a irradiação desgastada,
De um sol de inverno,
Assim é a mulher,
Com a realização de seu trabalho".

gráfika
papel&cores

(61) 3344-3101
papelecores@gmail.com